atelier de receitas Azeites aromatizados

André Boccato & Equipe CookLovers

Faça você mesmo — 20 receitas fáceis

Cook Lovers

Rua dos Italianos, 845 – Bom Retiro – Cep 01131-000
São Paulo – SP – Brasil
Tel.: 11 3846-5141 - contato@boccato.com.br
www.boccato.com.br - www.cooklovers.com.br

edição: André Boccato
coordenação editorial: Rodrigo Costa
coordenação administrativa: Patrícia Rodrigues / Maria Aparecida C. Ramos
pesquisa e desenvolvimento de receitas: Henrique Cortat
revisão das receitas: Aline Maria Terrassi Leitão
fotografias das receitas e passo a passo: Estúdio Boccato - Cristiano Lopes / Shutterstock - págs. 9, 10, 11, 15 e 16
ilustrações Shutterstock - capa e págs. 3, 4, 5, 6, 7, 8, 9, 12, 13, 14, 15, 18, 19, 20, 21, 22, 23, 24, 27, 28, 31, 32, 35, 36, 39, 40, 43, 44, 47, 48, 51, 52, 55, 56, 59, 60 e 63
produção fotográfica: Airton G. Pacheco
coordenação de produção: Arturo Kleque Gomes Neto
assistente de arte: Vanessa Moraes F. dos Santos
revisão de texto: Julie Anne Caldas / TopTexto / Maria Paula Carvalho Bonilha
diretor de marketing: Luís Otávio
coordenadora de marketing: Joseane Cardoso

As fotografias das receitas deste livro são ensaios artísticos, não necessariamente reproduzindo as proporções e a realidade das receitas, as quais foram criadas e testadas pelos autores. Sua efetiva realização, porém, será sempre uma interpretação pessoal dos leitores.

Dados Internacionais de Catalogação na Publicação (CIP)
(Câmara Brasileira do Livro, SP, Brasil)

Boccato, André
Azeites aromatizados : faça você mesmo : 20 receitas fáceis / André Boccato & Equipe Cooklovers . -- 1. ed. -- São Paulo : Boccâto, 2012. -- (Atelier das receitas)

1. Culinária (Azeite) 2. Receitas I. Equipe Cooklovers. II. Título. III. Série.

12-01178 CDD-641.5638

Índices para catálogo sistemático:

1. Culinária : Azeite : Economia doméstica 641.5638

atelier de receitas Azeites aromatizados

André Boccato & Equipe CookLovers

Cook ♥ Lovers

Faça você mesmo – 20 receitas fáceis

Um pouco de história

Não se sabe ao certo quando e como surgiu o azeite, mas é fato que ele é muito antigo. Fala-se de terem sido encontrados restos fossilizados de árvores precedentes à oliveira, datados há 20 milhões de anos. O cultivo, porém, aconteceu provavelmente por volta do século oitavo a.C., na região do Mediterrâneo Oriental.

Sabe-se que há mais de 6 mil anos o azeite já era usado por povos da Mesopotâmia, não como alimento, mas como proteção contra o frio e também para que os guerreiros se untassem antes das batalhas, simbolizando força. Força vinda da oliveira, com sua resistência quase titânica, enfrentando invernos e verões rigorosos, crescendo e florescendo mesmo em terras sofridas. Além da azeitona, a oliveira oferecia seus ramos, que se tornavam coroas para premiar os vitoriosos, em jogos amistosos ou em guerras sangrentas. Estas coroas se tornaram emblemas de bênção e purificação, e eram oferecidas aos deuses em rituais religiosos.

Na Grécia Antiga, o poeta épico Homero chamava o óleo de "ouro líquido". Com seu brilho místico, ele era considerado um sinal de sabedoria, paz, abundância e glória para os povos, por isso, foi considerado um produto valiosíssimo para o comércio. O povo do Mediterrâneo via o azeite como um medicamento mágico, uma fonte inesgotável de riqueza e poder. Na terra dos hebreus, o rei Salomão e o rei Davi davam tanta importância ao cultivo das oliveiras que colocavam guardas para vigiar os pomares de azeitonas e depósitos, garantindo a segurança das árvores e de seu óleo precioso.

De 5000 até 1400 a.C., o cultivo da oliveira foi difundido de Creta à Síria, Palestina e Israel. A rede comercial e a aplicação de novos conhecimentos, em seguida, trouxeram a oliveira para o sul da Turquia, Chipre e Egito. Até 1500 a.C., a Grécia, principalmente Micenas, foi a localidade de maior cultivo. Com a expansão das colônias

colônias gregas, a cultura da oliveira atingiu o sul da Itália e a África do Norte, e então se espalhou para o sul da França. Oliveiras foram plantadas em toda a bacia mediterrânica, sob a influência do Império Romano.

As oliveiras dominaram as regiões rochosas rurais da Grécia e tornaram-se pilares da sociedade helênica; eram tão sagradas que os que derrubavam uma árvore podiam ser condenados à morte ou ao exílio. Na Grécia e Roma antigas, o azeite era o produto de maior demanda, e sofisticados navios foram construídos com a única finalidade de transportá-lo para centros comerciais ao redor do Mediterrâneo.

Hoje, Itália, Portugal e Espanha são os maiores produtores de azeite, apesar de a Grécia ainda ser muito ativa. No total, existem mais de 100 espécies de azeitonas cultivadas no mundo (cerca de 60 presentes no Brasil), que resultam em impressionantes 2 mil tipos de azeites, se contarmos os de maior e menor acidez, os puros, os *blends* e os aromatizados, que trazemos nesta obra.

Entendendo os tipos de azeite

Comum, virgem e extravirgem. São esses os principais tipos de azeite. A classificação se dá por alguns critérios do processo de produção, sendo a acidez oleica um dos mais importantes. Detalhando, o azeite precisa apresentar até 0,8° de ácido oleico por 100g do líquido para ser um extravirgem; de 0,9° a 2,0° para ser considerado virgem; e até 3,0° para ser comum (acima disto, se transforma em outro tipo de azeite, lampante, impróprio para consumo). E o que determina esta acidez? É a porcentagem de ácidos gordos livres que o azeite contém, resultantes de uma reação de hidrólise, ou seja, de o azeite, em qualquer momento do seu processamento, ter estado em contato com a água.

Além da acidez, a classificação também passa por como foi feito o processo de extração. O extravirgem e o virgem, por exemplo, para ganharem tais nomes, precisam passar por extração totalmente mecânica e não receber nenhum agente químico em sua composição. É o que acontece com o produto que leva muito tempo para ser finalizado, depois da colheita da azeitona, e que se torna muito ácido. Além disso, se o azeite ficar demasiado tempo em contato com o ar, oxida-se, e o resultado é um produto rançoso. Resumindo, quanto mais fresco, menos manipulado e menos ácido for o azeite, mais virgem ele é.

A acidez, assim como os outros fatores descritos, não apresenta qualquer relação com a intensidade do sabor. O sabor, e também o cheiro e a cor, são características organolépticas e dependem unicamente dos componentes presentes na polpa da azeitona – e que são extraídos com o próprio azeite.

A aromatização de azeites

Assim como a história do líquido, a ideia de misturar ingredientes ao azeite também vem de tempos distantes. Povos do antigo Egito, Grécia e Roma já faziam infusões com flores e ervas para produzir medicamentos e cosméticos. Foi encontrada em Micenas, por exemplo, uma lista que enumera as especiarias que haviam sido adicionadas ao óleo de oliva na preparação de pomadas: erva-doce, gergelim, aipo, agrião, hortelã, sálvia, rosa e zimbro, entre outras.

Como ingrediente culinário, o azeite aromatizado pode ser utilizado no pré-preparo de pratos, como a marinada, durante o cozimento, ou como molho, em finalizações. Se combinado com determinados ingredientes pode ser um bom acompanhamento, inclusive no preparo de sobremesas.

A aromatização é fácil de fazer e permite utilizar uma variação muito grande de ingredientes aromatizantes. É preciso apenas tomar alguns cuidados:

Recipiente – precisa ser esterilizado antes de receber o azeite. Para isso, ferva uma quantidade suficiente de água, coloque-o na fervura por cerca de cinco minutos, junto com a tampa, e depois deixe-o por volta de três minutos emborcado. Deposite-o sobre uma superfície (com a boca para baixo) para escorrer, e só o utilize quando estiver totalmente seco.

Ingredientes – é preciso muito cuidado com os ingredientes adicionados ao azeite, pois podem se tornar uma fonte potencial de crescimento de bactérias e micro-organismos nocivos à saúde. O ideal é usar ervas secas ou desidratadas, que têm menor teor de umidade, ou tostar todas as especiarias em uma frigideira bem quente, por alguns minutos, para que percam a água. Também é importante que os ingredientes fiquem completamente submersos no azeite quando colocados no recipiente, para que se conservem por mais tempo.

Armazenagem – o azeite aromatizado deve ser guardado em locais que apresentem o menor contato possível com o oxigênio e com luz direta. Se armazenado na geladeira, o melhor local, deve ser consumido em, no máximo, três semanas. Por isso, o ideal é produzir o azeite em pequenas quantidades. Uma outra opção é congelá-lo e utilizar as porções aos poucos.

Passo a passo básico

Em uma frigideira, aqueça todas as especiarias para liberar os aromas e eliminar qualquer micro-organismo que possa se desenvolver no azeite aromatizado.

Retire-as do fogo, espere amornar e quebre-as grosseiramente no pilão.

Coloque tudo dentro de um recipiente.

Complete com o azeite e feche. Agite bem, antes de servir.

Azeite árabe

Ingredientes:

250 ml de azeite
1 colher (sopa) de gergelim torrado
1 colher (sopa) de pimenta-do-reino em grãos
1 colher (sopa) de pimenta-da-jamaica em grãos
1 pedaço de canela em pau
5 cravos
½ colher (chá) de noz-moscada ralada

Modo de preparo:

Em uma frigideira, aqueça todas as especiarias para liberar os aromas e eliminar qualquer micro-organismo que possa se desenvolver no azeite aromatizado. Retire-as do fogo, espere amornar, triture tudo grosseiramente no pilão e coloque a mistura dentro de um recipiente. Complete com o azeite, e feche. Agite bem, antes de servir.

Sugestão de harmonização:

Carnes vermelhas, aves, quibes, pastas árabes, arroz.

Azeite brasileiro

Ingredientes:

150 ml de azeite
100 ml de azeite de dendê
1 colher (sopa) de semente de coentro
1 colher (chá) de pimenta malagueta em conserva

Modo de preparo:

Em uma frigideira, aqueça as sementes de coentro para liberar os aromas e eliminar qualquer micro-organismo que possa se desenvolver no azeite aromatizado. Retire-as do fogo, espere amornar, triture-as grosseiramente no pilão e coloque-as dentro de um recipiente. Complete com o azeite, o azeite de dendê, a pimenta malagueta e feche. Agite bem, antes de servir.

Sugestão de harmonização:

Peixes, frutos do mar, molhos, farofas, arroz.

Azeite chimichurri

Ingredientes:

200 ml de azeite
50 ml de vinagre de maçã
1 colher (sopa) de salsinha desidratada
1 colher (chá) de alho em flocos
1 colher (chá) de cebola em flocos
1 colher (chá) de pimenta-do-reino em grãos
1 colher (chá) de pimenta calabresa em flocos
1 colher (chá) de tomilho seco
2 folhas de louro secas
1 colher (chá) de orégano
1 colher (chá) de mostarda em pó

Modo de preparo:

Em uma frigideira, aqueça a salsinha, o alho e a cebola em flocos, a pimenta-do-reino, a pimenta calabresa, o tomilho, o louro e o orégano, para liberar os aromas e eliminar qualquer microorganismo que possa se desenvolver no azeite aromatizado. Retire a mistura do fogo, espere amornar e coloque-a dentro de um recipiente. Complete com o azeite, adicione a mostarda em pó, o vinagre, e feche. Agite bem, antes de servir.

Sugestão de harmonização:
Carnes vermelhas, aves, peixes, frutos do mar.

Azeite creole

Ingredientes:

250 ml de azeite
1 colher (sopa) de alho em flocos
1 colher (sopa) de cebola em flocos
1 colher (chá) de pimenta-do-reino em grãos
1 colher (chá) de pimenta calabresa em flocos
1 colher (chá) de tomilho seco
1 colher (sobremesa) de orégano seco
1 colher (chá) de páprica picante
½ colher (chá) de canela em pó

Modo de preparo:

Em uma frigideira, aqueça o alho e a cebola em flocos, a pimenta-do-reino, a pimenta calabresa, o tomilho e o orégano, para liberar os aromas e eliminar qualquer micro-organismo que possa se desenvolver no azeite aromatizado. Retire a mistura do fogo, espere amornar, amasse tudo grosseiramente no pilão e coloque-a dentro de um recipiente. Complete com o azeite, adicione a páprica e a canela, e feche. Agite bem, antes de servir.

Sugestão de harmonização:

Arroz, aves, carnes vermelhas, peixes, frutos do mar.

Azeite de alho e flor de sal

Ingredientes:

250 ml de azeite
1 cabeça de alho
1 colher (chá) de flor de sal

Modo de preparo:

Separe os dentes de alho, amasse-os levemente e disponha-os em uma assadeira com um fio de azeite. Leve-os ao forno em temperatura média-baixa, por aproximadamente 20 minutos, ou até ficarem dourados. Retire do forno e coloque os dentes de alho dentro da garrafa de azeite. Complete com o azeite, acrescente o sal e feche. Agite bem, antes de servir.

Sugestão de harmonização:

Pizzas, arroz, carnes, frutos do mar, massas, pães.

OIL & OIL &
VINEGAR VINEGAR

Azeite de baunilha e cardamomo

Ingredientes:

250 ml de azeite
1 fava de baunilha
4 cardamomos

Modo de preparo:

Em uma frigideira, aqueça os cardamomos para liberar os aromas e eliminar qualquer micro-organismo que possa se desenvolver no azeite aromatizado. Retire-os do fogo, espere amornar e reserve. Corte a fava de baunilha ao meio, raspe as sementes e coloque-as dentro do recipiente. Complete com o azeite, os cardamomos, acrescente a fava e feche. Agite bem, antes de servir.

Sugestão de harmonização:

Tortas, sorvetes, crepes doces, bolos.

Azeite de cebola brûlée

Ingredientes:

250 ml de azeite
1 colher (sopa) de azeite
1 cebola cortada em cubinhos
2 colheres (sopa) de cebolinha picada

Modo de preparo:

Em uma frigideira, coloque a colher de sopa de azeite e caramelize a cebola picada. Isso ajuda a intensificar o sabor e a eliminar qualquer micro-organismo que possa se desenvolver no azeite aromatizado. Retire do fogo, espere amornar e coloque a cebola caramelizada dentro de um recipiente. Complete com o azeite e a cebolinha picada, e feche. Agite bem, antes de servir.

Sugestão de harmonização:

Saladas, carnes vermelhas, aves, peixes, frutos do mar, massas, molhos, pães.

Azeite de ervas

Ingredientes:

250 ml de azeite
1 colher (sobremesa) de alecrim seco
1 colher (chá) de tomilho seco
1 colher (sobremesa) de orégano seco
4 folhas de louro secas

Modo de preparo:

Em uma frigideira, coloque todas as ervas e aqueça-as em fogo baixo para liberar os aromas e eliminar qualquer micro-organismo que possa se desenvolver no azeite aromatizado. Retire do fogo, espere amornar e coloque-as dentro de um recipiente. Complete com o azeite, e feche. Agite bem, antes de servir.

Sugestão de harmonização:

Pizzas, arroz, saladas, carnes vermelhas, aves, frutos do mar, massas, molhos, pães.

Azeite de especiarias

Ingredientes:

250 ml de azeite
1 colher (sopa) de pimenta-da-jamaica em grãos
1 anis estrelado
1 colher (chá) de cravo
1 pedaço de canela em pau

Modo de preparo:

Em uma frigideira, aqueça os grãos de pimenta-da-jamaica, o anis, o cravo e a canela para liberar os aromas e eliminar qualquer micro-organismo que possa se desenvolver no azeite aromatizado. Retire-os do fogo, espere amornar e coloque tudo dentro de um recipiente. Complete com o azeite, e feche. Agite bem, antes de servir.

Sugestão de harmonização:

Tortas, sorvetes, crepes doces, bolos.

Azeite de gergelim

Ingredientes:

150 ml de azeite
100 ml de óleo de gergelim
1 colher (sopa) de gergelim branco
1 colher (sopa) de gergelim preto

Modo de preparo:

Em uma frigideira, aqueça os gergelins para liberar os aromas, torrar e eliminar qualquer micro-organismo que possa se desenvolver no azeite aromatizado. Retire do fogo, espere amornar e coloque-os dentro de um recipiente. Complete com o azeite e o óleo de gergelim, e feche. Agite bem, antes de servir.

Sugestão de harmonização:

Saladas, aves, peixes, frutos do mar, arroz.

Azeite de grãos de pimenta

Ingredientes:

250 ml de azeite
1 colher (sopa) de pimenta-do-reino preta em grãos
1 colher (sopa) de pimenta-do-reino branca em grãos
1 colher (sopa) de pimenta rosa

Modo de preparo:

Em uma frigideira, coloque todas as pimentas e aqueça-as em fogo baixo para liberar os aromas e eliminar qualquer micro-organismo que possa se desenvolver no azeite aromatizado. Retire do fogo e passe os grãos para o pilão. Amasse-os grosseiramente e coloque-os dentro de um recipiente, com o auxílio de um funil. Complete com o azeite, e feche. Agite bem, antes de servir.

Sugestão de harmonização:

Pizzas, carnes vermelhas, peixes, frutos do mar, saladas, molhos, pães.

Azeite de laranja e água de rosas

Ingredientes:

250 ml de azeite
Cascas de 1 laranja
1 colher (chá) de água de rosas

Modo de preparo:

Em uma assadeira, disponha as cascas da laranja picadas e leve-as ao forno em temperatura baixa, por cerca de dez minutos, para liberar os aromas e eliminar qualquer micro-organismo que possa se desenvolver no azeite aromatizado. Retire-as do forno, espere amornar e coloque-as dentro de um recipiente. Complete com o azeite e a água de rosas, e feche. Agite bem, antes de servir.

Sugestão de harmonização:

Tortas, sorvetes, crepes doces, bolos.

Azeite de limão-siciliano

Ingredientes:

200 ml de azeite
50 ml de suco de limão-siciliano
Casca de 1 limão-siciliano

Modo de preparo:

Em uma assadeira, disponha as cascas do limão-siciliano picadas e leve-as ao forno em temperatura baixa, por cerca de dez minutos, para liberar os aromas e eliminar qualquer micro-organismo que possa se desenvolver no azeite aromatizado. Retire do forno, espere amornar e coloque-as dentro de um recipiente. Complete com o azeite, o suco de limão-siciliano, e feche. Agite bem, antes de servir.

Sugestão de harmonização:

Tortas, sorvetes, crepes doces, bolos.

Azeite de mostarda

Ingredientes:

250 ml de azeite
1 colher (sopa) de pasta de mostarda
1 colher (sopa) de grãos de mostarda clara
1 colher (sopa) de grãos de mostarda escura

Modo de preparo:

Em uma frigideira, aqueça todos os grãos de mostarda para liberar os aromas e eliminar qualquer micro-organismo que possa se desenvolver no azeite aromatizado. Retire-os do fogo, espere amornar e coloque-os dentro de um recipiente. Complete com o azeite e a pasta de mostarda, e feche. Agite bem, antes de servir.

Sugestão de harmonização:

Saladas, carnes vermelhas, aves, peixes, frutos do mar, massas, molhos, pães.

Azeite italiano

Ingredientes:

200 ml de azeite
50 ml de vinagre balsâmico
2 colheres (sopa) de manjericão seco
4 tomates secos picados

Modo de preparo:

Em uma frigideira, aqueça o manjericão e o tomate seco em fogo baixo, para liberar os aromas e eliminar qualquer microorganismo que possa se desenvolver no azeite aromatizado. Retire do fogo, espere amornar e coloque-os dentro de um recipiente. Complete com o azeite e o vinagre balsâmico, e feche. Agite bem, antes de servir.

Sugestão de harmonização:

Saladas, aves, peixes, pães.

Azeite mexicano

Ingredientes:

250 ml de azeite
3 pimentas dedo-de-moça
2 pimentas jalapeño
4 pimentas malagueta
2 dentes de alho

Modo de preparo:

Em uma assadeira, disponha todas as pimentas cortadas grosseiramente e o alho levemente amassado. Leve-os ao forno em temperatura média, por aproximadamente 15 minutos. Retire do forno, espere amornar e coloque-os dentro de um recipiente. Complete com o azeite, e feche. Agite bem, antes de servir.

Sugestão de harmonização:

Molhos, carnes vermelhas, aves, frutos do mar, tortillas.

Azeite oriental

Ingredientes:

150 ml de azeite
100 ml de shoyo
100 ml de saquê
2 colheres (sopa) de gengibre picado
2 colheres (sopa) de mel

Modo de preparo:

Em uma panela, adicione o shoyo, o saquê, o gengibre e o mel. Em fogo baixo, deixe a mistura reduzir até a metade, desligue e reserve. Quando estiver fria, transfira-a para um recipiente e complete com o azeite. Agite bem, antes de servir.

Sugestão de harmonização:

Pratos da culinária oriental, peixes, aves, frutos do mar, saladas.

Azeite quatre-épices

Ingredientes:

250 ml de azeite
1 colher (sopa) de gengibre em pó
1 pedaço de canela em pau
½ colher (chá) de noz-moscada
1 colher (sopa) de pimenta-do-reino branca em grãos

Modo de preparo:

Em uma frigideira, aqueça todas as especiarias para liberar os aromas e eliminar qualquer micro-organismo que possa se desenvolver no azeite aromatizado. Retire-as do fogo, espere amornar e coloque-as dentro de um recipiente. Complete com o azeite, e feche. Agite bem, antes de servir.

Sugestão de harmonização:

Molhos, carnes vermelhas, aves, frutos do mar.

Azeite thai

Ingredientes:

200 ml de azeite
Suco de 1 limão
50 ml de shoyo
2 colheres (sopa) de óleo de gergelim
2 colheres (sopa) de melado
1 colher (sopa) de capim-limão seco

Modo de preparo:

Em uma vasilha, adicione todos os ingredientes, exceto o capim-limão seco, misture-os para homogeneizar e reserve. Em uma frigideira, aqueça o capim-limão seco para liberar os aromas e eliminar qualquer micro-organismo que possa se desenvolver no azeite aromatizado. Retire do fogo, espere amornar e coloque-o dentro de um recipiente. Complete com a mistura reservada e feche. Agite bem, antes de servir.

Sugestão de harmonização:

Massas, peixes, frutos do mar, aves, saladas.

AZEITE

Azeite tipo pesto

Ingredientes:

250 ml de azeite
20 folhas de manjericão fresco
2 colheres (sopa) de piñoli
2 colheres (sopa) de parmesão ralado
2 dentes de alho

Modo de preparo:

No liquidificador, bata 100 ml de azeite com o manjericão, o piñoli, o parmesão e o alho. Transfira a mistura para um recipiente e complete com o azeite restante. Feche-o e agite para homogeneizar.

Sugestão de harmonização:

Saladas, peixes, frutos do mar, aves, massas, pães.

GOURMET BRAZIL
EDITORA BOCCATO

Cook Lovers

Rua dos Italianos, 845 – Bom Retiro – Cep 01131-000
São Paulo – SP – Brasil
Tel.: 11 3846-5141 – contato@boccato.com.br
www.boccato.com.br – www.cooklovers.com.br